ZUPFBROTE

Gefüllt, gerollt, gezupft

Autorin: Hildegard Möller | Fotos: Wolfgang Schardt

INHALT

TIPPS UND EXTRAS

6　TASTY & CHEESY

COVER-REZEPT

26 SWEET & LOVELY

Das grüne Blatt bei den Rezepten heißt fleischloser Genuss:
Mit diesem Symbol sind alle vegetarischen Gerichte gekennzeichnet.

44 QUICK & EASY

BACKEN, ZUPFEN, GENIESSEN

Heute soll ganz spontan eine Party steigen, und es finden sich nur Basics im Küchen-
schrank? Kein Grund zum Verzweifeln! Pfiffig gefüllte Fingerfood-Brote sind die Rettung.

Zupfbrote und Partybrote sind tolle Begleiter für
Grillparty, Spieleabend, WG-Frühstück, Spontan-
besuch ... herzhaft gefüllt mit Käse, Pesto und Co.
oder – für Süße – mit Zucker, Zimt und Schokolade. Für ganz Eilige gibts Last-Minute-Partybrote
mit fertigem Brot vom Bäcker, das tief eingeschnit-
ten und lecker gefüllt wird.

ZWEI GRUNDREZEPTE, ZIG BROTKREATIONEN!

Zupfbrote sind in jeglicher Form einfach unwiderstehlich. Mit nur wenigen Handgriffen lässt sich

schnell ein supersofter Hefeteig herstellen, süß
oder deftig, ganz nach Wunsch. Richten Sie sich
einfach nach den Grundrezepten, die auf S. 5 vor-
gestellt werden. Diese Teige eignen sich prima zum
Falten, Wickeln, Rollen und Füllen, und so finden
Sie in den Umschlagklappen dieses Buches in
genauen Stepanleitungen Zupfbrot und die Brot-
blume beschrieben. Klappen Sie diese einfach mit
auf, wenn Sie die jeweiligen Rezepte zubereiten.
Ganz wichtig: Planen Sie für die Zubereitung genü-
gend Zeit ein, denn der Brotteig braucht insgesamt
etwa 1 Std. 15 Min. Ruhezeit, bevor er dann für min-
destens 30 Min. in den Backofen geht.

EYECATCHER FÜRS BÜFETT

Zupfbrote schmecken nicht nur gut, sondern sind
auch was fürs Auge! Sie lassen sich in unzähligen
Formen herstellen: Gedreht, geflochten oder zur
Schnecke gerollt legt das Partyfood aus dem Ofen
einen perfekten Auftritt hin. Und seien Sie beim
Drehen, Flechten und Schneckeln bloß nicht allzu
pingelig! Es kann gut vorkommen, dass dabei
schon mal an allen Ecken und Enden die Füllung
herausquillt. Macht gar nichts! Die überschüssige
Füllung einfach abstreifen und auf die Teigoberfläche, in Ritzen, Furchen oder Einschnitte streichen.
Und auch vorher, beim Ausrollen und Abmessen
von Teigplatten, -streifen und -kreisen, kommt es
nicht auf den Millimeter an! Der Hefeteig geht
ohnehin beim Backen noch auf, und das Zupfbrot
wird zum Hingucker werden!

DEFTIGER HEFETEIG

1 Würfel Hefe (42 g) | 1 TL Zucker | 500 g Weizenmehl (Type 405) | 1 TL Salz | 4 EL neutrales Öl | Mehl zum Arbeiten

Basis der deftigen Brote

Für 1 Portion Teig |
30 Min. Zubereitungszeit | 1 Std. Ruhezeit

1 250 ml lauwarmes Wasser abmessen und die Hefe hineinbröckeln. Den Zucker dazugeben und rühren, bis sich Hefe und Zucker aufgelöst haben. Die Mischung ca. 15 Min. stehen lassen.

2 Das Mehl in eine große Schüssel sieben, mit dem Salz mischen. Das Öl und die Hefemischung dazugeben. Alles zunächst mit den Knethaken des Handrührgeräts, später mit den Händen zu einem glatten, geschmeidigen Teig kneten.

3 Den Teig zu einer Kugel formen und zugedeckt ca. 45 Min. an einem warmen Ort gehen lassen, bis er sein Volumen verdoppelt hat.

4 Den Teig nach Rezept weiterverarbeiten.

SÜSSER HEFETEIG

200 ml Milch | 100 g Butter | 1 Würfel Hefe (42 g) | 5 EL Zucker | 500 g Weizenmehl (Type 405) | 1 Ei | Mehl zum Arbeiten

Basis der süßen Brote

Für 1 Portion Teig |
40 Min. Zubereitungszeit | 1 Std. Ruhezeit

1 Die Milch in einem kleinen Topf erhitzen. Die Butter darin schmelzen, lauwarm abkühlen lassen. Dann die Hefe hineinbröckeln, 1 EL Zucker zugeben und alles glatt rühren. Ca. 15 Min. stehen lassen.

2 Das Mehl in eine große Schüssel sieben und mit 4 EL Zucker mischen. Das Ei und die Hefemischung dazugeben. Alles zunächst mit den Knethaken des Handrührgeräts, später mit den Händen zu einem glatten, geschmeidigen Teig kneten.

3 Den Teig zu einer Kugel formen und zugedeckt ca. 45 Min. an einem warmen Ort gehen lassen, bis er sein Volumen verdoppelt hat.

4 Den Teig nach Rezept weiterverarbeiten.

TASTY & CHEESY

Messer und Gabel waren gestern, heute wird gezupft! Fluffige Brote, mal mit Kräuterbutter, mal mit Pesto oder mit Käse gefüllt, werden Stück für Stück gezupft. Locker gefaltet und knusprig im Ofen gebacken schmecken sie einfach jedem.

MANCHEGO-CHORIZO-SONNE

Wer mediterrane Stimmung auf den Tisch zaubern will, der sollte seine Gäste mit diesem aromatischen und farbenfrohen Leckerbissen verwöhnen.

1 Rezeptmenge deftiger Hefeteig (s. S. 5, Weizenmehl durch Dinkelmehl Type 630 ersetzen)
100 g Manchego
50 g Chorizo (in Scheiben)
Für das Pesto:
2 Knoblauchzehen
1 kleiner Zweig Rosmarin
100 g schwarze Oliven (entsteint)
4 EL Olivenöl
Salz | Pfeffer
Außerdem:
Mehl zum Arbeiten
Teller (ca. 31 cm ⌀)
Schüssel (ca. 15 cm ⌀)

Dem Süden ganz nah

Für 1 Sonne (16 Stücke) |
45 Min. Zubereitungszeit |
1 Std. 30 Min. Ruhezeit |
35 Min. Backzeit |
15 Min. Abkühlzeit
Pro Stück ca. 235 kcal,
6 g E, 12 g F, 26 g KH

1 Den Teig nach Grundrezept zubereiten. Während der Ruhezeit für das Pesto die Knoblauchzehen schälen. Rosmarin waschen und trocken schütteln. Die Nadeln abstreifen und fein hacken. Knoblauch, Rosmarin und Oliven mit dem Öl in einen hohen Rührbecher geben. Alles zusammen mit dem Pürierstab pürieren. Mit Salz und Pfeffer abschmecken. Beiseitestellen.

2 Den Manchego reiben. Den Teig noch einmal kurz durchkneten, zur Kugel formen und etwas größer als den bereitgestellten Teller auf einer bemehlten Arbeitsfläche ausrollen. Den Teller auflegen, mithilfe eines Messers einen Kreis ausschneiden (Bild 1). Teller entfernen. Teig auf ein mit Backpapier belegtes Backblech legen. Mit der Schüssel mittig einen Kreis aufdrücken.

3 Den kleinen Kreis in acht Tortenstücke schneiden (Bild 2). Das Pesto ringförmig außerhalb der Einschnitte verteilen, dabei den äußeren Rand 1 cm breit frei lassen. Den Käse darauf streuen. Die Chorizoscheiben in mundgerechte Stück zupfen und darauf verteilen. Die Teigspitzen von der Mitte her bis zum Rand nach außen falten (Bild 3) und am Teigrand andrücken. Das Brot zugedeckt ca. 30 Min. ruhen lassen.

4 Währenddessen den Ofen auf 200° vorheizen. Das Brot im heißen Ofen (Mitte) ca. 35 Min. backen. Herausnehmen, ca. 15 Min. abkühlen lassen und noch warm genießen.

TIPP Statt Chorizo können Sie auch andere Salamisorten wie Fenchel- oder Pfeffersalami verwenden. Den Manchegokäse kann man genauso gut durch andere würzige Käsesorten wie Parmesan oder Pecorino ersetzen.

ZUPFBROT CAPRESE

1 Rezeptmenge deftiger Hefeteig (s. S. 5) |
1 EL Olivenöl | 1 Knoblauchzehe | 1 Dose
stückige Tomaten (ca. 400 g) | Salz | Pfeffer |
1 TL getrockneter Oregano | 250 g Mozzarella |
20 Basilikumblätter | Mehl zum Arbeiten und
für die Form | Kastenform (30 cm lang) |
Öl für die Form

Mediterran

Für 1 Brot (20 Stücke) | 40 Min. Zubereitungs-
zeit | 1 Std. 30 Min. Ruhezeit | 40 Min. Backzeit |
15 Min. Abkühlzeit
Pro Stück ca. 155 kcal, 6 g E, 6 g F, 21 g KH

1 Teig nach Grundrezept zubereiten. Knoblauch
schälen und fein würfeln. Das Öl in einem Topf erhitzen und den Knoblauch darin glasig dünsten.
Tomaten dazugeben. Mit 1 TL Salz, ½ TL Pfeffer und
Oregano würzen. Die Sauce offen bei kleiner Hitze
in ca. 15 Min. um die Hälfte einkochen. Mozzarella
ca. ½ cm groß würfeln.

2 Den Teig kurz durchkneten, auf einer bemehlten
Arbeitsfläche zu einem Quadrat (ca. 48 × 48 cm)
ausrollen. Mit Tomatensauce bestreichen, dabei
rundum einen 1 cm breiten Rand freilassen. Den
Mozzarella und Basilikum auf der Sauce verteilen.

3 Die Kastenform gründlich mit Öl einfetten. Mit
Mehl ausstäuben. Den vorderen Umschlag dieses
Buches aufklappen und mit dem Teig wie dort in
Step 3–5 beschrieben fortfahren. Abgedeckt
ca. 30 Min. ruhen lassen.

4 Ofen auf 200° vorheizen. Das Brot im heißen
Ofen (Mitte) 30–40 Min. backen. Herausnehmen
und in der Form ca. 15 Min. abkühlen lassen. Vorsichtig aus der Form stürzen, noch warm servieren.

ZUPFBROT MIT KRÄUTERBUTTER

1 Rezeptmenge deftiger Hefeteig (s. S. 5) |
2 Schalotten | 2 Knoblauchzehen | ½ Bund
Schnittlauch | ½ Bund Petersilie | 3 Zweige
Thymian | 125 g weiche Butter | Salz | Pfeffer |
250 g würziger Bergkäse | Mehl zum Arbeiten
und für die Form | Kastenform (30 cm lang) |
Butter für die Form

Würzig

Für 1 Brot (20 Stücke) | 40 Min. Zubereitungs-
zeit | 30 Min. Ruhezeit | 40 Min. Backzeit |
15 Min. Abkühlzeit
Pro Stück ca. 215 kcal, 7 g E, 12 g F, 20 g KH

1 Teig nach Grundrezept zubereiten. Schalotten
und Knoblauch schälen, fein hacken. Schnittlauch,
Petersilie und Thymian waschen, trocken schütteln. Schnittlauch in Röllchen schneiden, Petersilienblätter abzupfen und hacken. Thymianblättchen
von den Zweigen streifen. Schalotten, Knoblauch
und Kräuter mit einer Gabel unter die Butter men-
gen. Mit Salz und Pfeffer würzen. Den Käse reiben.

2 Teig kurz durchkneten, auf einer bemehlten Arbeitsfläche zu einem Quadrat (ca. 48 × 48 cm) ausrollen. Mit Kräuterbutter bestreichen, dabei rundum
1 cm Rand freilassen. Den Käse darüber streuen.

3 Die Kastenform gründlich mit Butter einfetten.
Mit Mehl ausstäuben. Den vorderen Umschlag dieses Buches aufklappen und mit dem Teig wie dort
in Step 3–5 beschrieben fortfahren. Abgedeckt
ca. 30 Min. ruhen lassen.

4 Ofen auf 200° vorheizen. Das Brot im heißen
Ofen (Mitte) 30–40 Min. backen. Herausnehmen
und ca. 15 Min. abkühlen lassen. Vorsichtig aus der
Form stürzen, noch warm genießen.

GORGONZOLA-WALNUSS-BLÜTE

Ein perfekter Begleiter für jeden Anlass! Das herrlich aromatische Brot ist nicht nur was fürs Auge – es überzeugt auch mit seinem würzigen Geschmack und kommt deshalb richtig gut an!

½ Rezeptmenge deftiger Hefeteig (s. S. 5; Weizenmehl durch
Dinkelmehl Type 630 ersetzen)
200 g Gorgonzola
125 g Mozzarella
150 g Doppelrahmfrischkäse
2 EL trockener Weißwein
1 Zwiebel
2 Knoblauchzehen
1 EL neutrales Öl
Salz | Pfeffer
25 g Walnusskerne
1 Ei
Außerdem:
Mehl zum Arbeiten
Teller (ca. 26 cm ⌀)
Glas (ca. 6 cm ⌀)

Blickfang 🌿

Für 1 Brot (16 Stücke) |
50 Min. Zubereitungszeit |
1 Std. 30 Min. Ruhezeit |
35 Min. Backzeit
Pro Stück ca. 165 kcal,
6 g E, 10 g F, 13 g KH

1 Den Teig nach Grundrezept zubereiten. Den Gorgonzola zerbröckeln und den Mozzarella reiben. Beides mit dem Frischkäse und dem Wein verrühren. Zwiebel und Knoblauch schälen und klein würfeln. In einer Pfanne das Öl erhitzen, Zwiebel und Knoblauch darin glasig dünsten. Unter die Käsemasse rühren. Diese kräftig mit Salz und Pfeffer abschmecken.

2 Walnusskerne hacken und unter den Teig kneten. Teig in zwei gleich große Stücke teilen. Jedes zu einer Kugel formen und auf einer bemehlten Arbeitsfläche etwas größer als den bereitgestellten Teller ausrollen. Den Teller auflegen, mithilfe eines Messers je einen Kreis ausschneiden. Einen Teigkreis auf ein mit Backpapier belegtes Backblech legen. Die Gorgonzolamasse darauf verteilen, dabei einen 1 cm breiten Rand frei lassen. Den zweiten Teigkreis darauflegen. Den Teigrand rundum andrücken.

3 Das Glas mittig kopfüber auf dem Teig platzieren und leicht andrücken, abnehmen. Mit einem Messer das Teigpaket am Abdruck beginnend, bis ganz nach außen durch alle Schichten hindurch in 16 gleich große Stücke teilen. Nun den hinteren Umschlag dieses Buches aufklappen und mit dem Teig wie dort in Step 5 beschrieben fortfahren, um die Blüte zu formen. Den Teig abgedeckt ca. 30 Min. ruhen lassen.

4 Währenddessen den Backofen auf 180° vorheizen. Das Ei verquirlen und das Brot damit einpinseln. Im heißen Ofen (Mitte) ca. 35 Min. backen. Herausnehmen und noch warm genießen.

ZUPFBROT MIT THUNFISCH

1 Rezeptmenge deftiger Hefeteig (s. S. 5) |
2 EL Olivenöl | 1 Zwiebel | 250 g passierte Tomaten | Salz | Pfeffer | 1 TL getrockneter Thymian |
2 Dosen Thunfisch (à ca. 200 g) | 250 g Mozzarella | 2 Knoblauchzehen | 2 EL Kapern (Glas) |
Mehl zum Arbeiten und für die Form | Kastenform (30 cm lang) | Öl für die Form

Meeresbrise

Für 1 Brot (20 Stücke) | 50 Min. Zubereitungszeit | 1 Std. 30 Min. Ruhezeit | 40 Min. Backzeit |
15 Min. Abkühlzeit
Pro Stück ca. 190 kcal, 10 g E, 6 g F, 21 g KH

1 Teig nach Grundrezept zubereiten. In einem Topf 1 EL Öl erhitzen, Zwiebel schälen, würfeln und im Öl andünsten. Tomaten zugeben. Mit 1 TL Salz, ½ TL Pfeffer und Thymian würzen. Die Sauce offen bei kleiner Hitze in 15 Min. um die Hälfte einkochen.

Den Thunfisch abtropfen lassen, Mozzarella reiben. 1 EL Öl erhitzen, Knoblauch schälen, in dünne Scheiben schneiden und im Öl hellbraun braten.

2 Teig kurz durchkneten. Auf einer bemehlten Arbeitsfläche zu einem Quadrat (ca. 48 × 48 cm) ausrollen. Mit Tomatensauce bestreichen, dabei rundum 1 cm freilassen. Thunfisch, Kapern, Knoblauch und Mozzarella darauf verteilen.

3 Die Form mit Öl einfetten. Mit Mehl ausstäuben. Den vorderen Umschlag dieses Buches aufklappen und mit dem Teig wie dort in Step 3–5 beschrieben fortfahren. Abgedeckt ca. 30 Min. ruhen lassen.

4 Ofen auf 200° vorheizen. Das Brot im heißen Ofen (Mitte) 30–40 Min. backen. Herausnehmen und ca. 15 Min. abkühlen lassen. Vorsichtig aus der Form stürzen, noch warm servieren.

ZUPFBROT MIT PAPRIKA UND FETA

1 Rezeptmenge deftiger Hefeteig (s. S. 5) |
4 kleine rote Paprika | 1 großer Zucchino
(ca. 300 g) | Salz | 200 g Feta | 8 Scheiben ge-
kochter Schinken (ca. 200 g) | 2 Gefrierbeutel
(à 3 l) | Mehl zum Arbeiten und für die Form |
Kastenform (30 cm lang) | Öl für die Form

Herzhaft und würzig

Für 1 Brot (8 Stücke) | 45 Min. Zubereitungszeit |
1 Std. Ruhezeit | 40 Min. Backzeit |
15 Min. Abkühlzeit
Pro Stück ca. 405 kcal, 19 g E, 13 g F, 53 g KH

1 Teig nach Grundrezept zubereiten. Backofen auf
250° vorheizen. Ein Blech mit Backpapier belegen,
Paprika daraufsetzen, im Ofen (Mitte) 10 Min. backen, bis die Haut teils schwarz wird und Blasen
wirft. Paprika für 10 Min. in die Gefrierbeutel geben. Dann vierteln, putzen und die Haut abziehen.

2 Zucchino waschen, putzen und längs halbieren,
von jeder Hälfte parallel zur Schnittfläche 4 dünne
Scheiben abschneiden. Diese leicht salzen. Feta
parallel zur kürzeren Seite in 8 Streifen schneiden.

3 Form mit Öl einfetten, mit Mehl ausstäuben.
Ofen auf 200° vorheizen. Den Teig durchkneten,
auf einer bemehlten Fläche zu einem Quadrat
(ca. 28 × 28 cm) ausrollen. Dieses quer in 4 gleich
breite Streifen schneiden, den Teig mittig längs
durchschneiden, sodass 8 Streifen entstehen.

4 Jedes Teigstück mit 1 Zucchinostreifen,
1 Scheibe Schinken, 2 Paprikavierteln belegen. Jedes Teigstück, beginnend mit 1 quer gelegten Feta-
streifen, von der kurzen Seite her aufrollen. Rollen
aufrecht in die Form setzen und im heißen Ofen
(Mitte) 40 Min. backen. Ca. 15 Min. abkühlen lassen, vorsichtig aus der Form stürzen und servieren.

PILZPESTO-ROSE

Würzige Kombi, die im heißen Ofen ihren vollen Geschmack entfaltet. Das dekorative Zupfbrot im floralen Look kommt kräftig und rustikal daher.

1 Rezeptmenge deftiger Hefeteig (s. S. 5; 250 g Mehl durch Weizenvollkornmehl ersetzen)
20 g getrocknete Mischpilze
400 g braune Champignons
2 Knoblauchzehen
2 EL Olivenöl
Salz | Pfeffer
200 g junger Gouda
50 g Röstzwiebeln
200 g Kräuterfrischkäse
Außerdem:
Mehl zum Arbeiten
Springform (26 cm ⌀)
Öl für die Form

Blatt für Blatt Genuss 🌿

Für 1 Brot (32 »Rosenblätter«) |
60 Min. Zubereitungszeit |
1 Std. 30 Min. Ruhezeit |
45 Min. Backzeit |
15 Min. Abkühlzeit
Pro »Rosenblatt« ca. 120 kcal,
6 g E, 6 g F, 13 g KH

1 Den Teig nach Grundrezept zubereiten. Die getrockneten Pilze ca. 30 Min. in 100 ml Wasser einweichen. Champignons putzen und vierteln. Knoblauch schälen und hacken. In einer Pfanne 1 EL Öl erhitzen und den Knoblauch darin glasig dünsten. Eingeweichte Pilze ausdrücken und mit den Champignons hinzufügen, ca. 7 Min. braten. Mit Salz und Pfeffer würzen. Die Pilze mit 1 EL Öl in einen hohen Rührbecher geben. Mit dem Pürierstab pürieren. Mit Salz und Pfeffer kräftig abschmecken. Den Gouda reiben.

2 Den Teig noch einmal kurz durchkneten, dabei die Röstzwiebeln unterkneten. Auf einer bemehlten Arbeitsfläche zu einem Rechteck (ca. 50 × 40 cm) ausrollen. Teigplatte zunächst mit Kräuterfrischkäse, dann mit Pilzpesto bestreichen. Den Gouda darüberstreuen und leicht andrücken.

3 Parallel zur langen Seite den Teig in 5 cm breite Streifen schneiden, parallel zur schmalen Seite in ca. 12 cm breite Streifen. Die Springform gründlich mit Öl einfetten. Zuerst in der Mitte der Form drei Teigstücke so auf die lange Kante aufstellen, dass sie wie Knospenblätter ineinander greifen und sich eng ummanteln. Dann die restlichen Teigstücke, jeweils mit der Füllung zur Mitte hin, locker anstellen. Abgedeckt ca. 30 Min. ruhen lassen.

4 Währenddessen den Backofen auf 180° vorheizen. Das Brot im heißen Ofen (Mitte) ca. 45 Min. backen. Herausnehmen und ca. 15 Min. abkühlen lassen. Springformrand vorsichtig lösen. Das Brot am besten noch warm genießen.

FINGERBROT MIT LACHS

Mit saftigem Inhalt und frischen Kräutern schmeckt dieses Brot unwiderstehlich lecker.
Dank einer einfachen Falttechnik lässt sich der Teig schnell und unkompliziert verarbeiten.

1 Rezeptmenge deftiger
Hefeteig (s. S. 5)
6 Frühlingszwiebeln
1 Bund Dill
100 ml neutrales Öl
2 EL Zitronensaft
Salz | Pfeffer
200 g Räucherlachs
200 g Doppelrahmfrischkäse
2 EL Butter
Außerdem:
Mehl zum Arbeiten
Kastenform (30 cm lang)
Butter für die Form

Delikat gefüllt

Für 1 Brot (24 Stücke) |
50 Min. Zubereitungszeit |
1 Std. 30 Min. Ruhezeit |
50 Min. Backzeit |
15 Min. Abkühlzeit
Pro Stück ca. 190 kcal,
6 g E, 11 g F, 17 g KH

1 Den Teig nach Grundrezept zubereiten. Die Frühlingszwiebeln putzen, waschen und in grobe Stücke schneiden. Den Dill waschen und trocken schütteln. Die Fähnchen abzupfen. Frühlingszwiebeln und Dill mit Öl und Zitronensaft mit dem Pürierstab pürieren. Mit Salz und Pfeffer abschmecken. Den Räucherlachs ca. ½ cm groß würfeln.

2 Den Teig noch einmal kurz durchkneten. Auf einer bemehlten Arbeitsfläche zu einem Rechteck (ca. 28 × 60 cm) ausrollen. Mit dem Frischkäse bestreichen. Das Dill-Pesto darauf verteilen und glatt streichen. Den Räucherlachs darüber verteilen.

3 Den Teig längs zu 2 Rechtecken à 60 × 14 cm halbieren. Diese jeweils in 6 kleine Rechtecke à 10 × 14 cm schneiden. Jedes Rechteck von der langen Seite aufrollen, dann quer halbieren, sodass 7 cm lange Röllchen entstehen. Die Butter in einem kleinen Topf zerlassen. Jedes Röllchen damit einpinseln.

4 Die Kastenform gründlich mit Butter einfetten, dann senkrecht hinstellen. Teigröllchen waagerecht in die Form schichten. Die Form wieder auf ihren Boden stellen, die Teigröllchen etwas auseinanderzupfen und so gleichmäßig in der Form verteilen, abgedeckt ca. 30 Min. ruhen lassen. Währenddessen den Ofen auf 180° vorheizen. Das Brot im heißen Ofen (Mitte) ca. 50 Min. backen. Herausnehmen, ca. 15 Min. abkühlen lassen und vorsichtig aus der Form stürzen. Noch warm genießen.

TIPP Sollten Sie keinen frischen Dill bekommen, können Sie für das Frühlingszwiebel-Pesto auch eine kleine Packung TK-Dill (25 g) verwenden. Den Dill dann einfach gefroren mit den restlichen Zutaten pürieren.

MONKEY-BREAD MIT KÄSEKERN

1 Rezeptmenge deftiger Hefeteig (s. S. 5) |
2 Knoblauchzehen | 120 g Butter | 1 Bund
Schnittlauch | ½ Bund Petersilie | ½ Bund Ba-
silikum | Salz | Pfeffer | 24 Mini-Mozzarella-
kugeln (ca. 200 g) | 20 g Parmesan | Mehl zum
Arbeiten | Guglhupfform (24 cm ⌀) | Butter
für die Form

Kugelrund 🌿

Für 24 Stücke | 55 Min. Zubereitungszeit |
1 Std. 30 Min. Ruhezeit | 45 Min. Backzeit |
15 Min. Abkühlzeit
Pro Stück ca. 160 kcal, 5 g E, 8 g F, 17 g KH

1 Teig nach Grundrezept zubereiten. Knoblauch
schälen und hacken. In einem Topf 1 EL Butter erhitzen und den Knoblauch darin glasig dünsten.
Restliche Butter zugeben und schmelzen. Kräuter
waschen und trocken schütteln. Schnittlauch in
Röllchen schneiden. Die Blätter von Petersilie und
Basilikum abzupfen und klein schneiden. Kräuter
sowie 1 TL Salz und ½ TL Pfeffer in die Butter rühren. Die Form gründlich mit Butter einfetten.

2 Den Teig noch einmal kurz durchkneten, in
24 gleich große Stücke teilen, jedes mit bemehlten
Händen zur Kugel formen. Je 1 Mini-Mozzarella-
Kugel hineindrücken, wieder rund rollen. 10 Kugeln
nacheinander durch die Kräuterbutter ziehen und
nebeneinander in die Form setzen. Den Parmesan
reiben und darüber streuen. Die übrigen 14 Kugeln
durch die Butter ziehen und daraufsetzen. Abgedeckt ca. 30 Min. ruhen lassen.

3 Ofen auf 200° vorheizen. Das Brot im heißen
Ofen (Mitte) 40–45 Min. backen. Herausnehmen
und 15 Min. abkühlen lassen. Das Brot vorsichtig
aus der Form stürzen, noch warm servieren.

FETA-SCHNECKE

1 Rezeptmenge deftiger Hefeteig (s. S. 5) | 150 g getrocknete Tomaten in Öl (aus dem Glas) | 100 g schwarze Oliven (entsteint) | 100 g Parmesan | 200 g Feta | 2 TL getrockneter Oregano | 2 EL Olivenöl | 60 g Butter | Mehl zum Arbeiten | Springform (28 cm ⌀) | Butter für die Form

Super für den Grillabend

Für 12 Schnecken | 40 Min. Zubereitungszeit | 1 Std. 30 Min. Ruhezeit | 45 Min. Backzeit | 15 Min. Abkühlzeit
Pro Stück ca. 405 kcal, 12 g E, 25 g F, 34 g KH

1 Teig nach Grundrezept zubereiten. Die Tomaten in ein Sieb geben, abtropfen lassen und klein schneiden. Oliven in ein Sieb abgießen und grob hacken. Den Parmesan reiben. Teig noch einmal kurz durchkneten und auf einer bemehlten Arbeitsfläche ca. 40 × 60 cm groß ausrollen.

2 Den ausgerollten Teig mit Oliven und Tomaten belegen. Den Feta darüber bröckeln. Parmesan und Oregano darüber streuen. Das Olivenöl gleichmäßig darüber träufeln.

3 Die Butter in einem kleinen Topf zerlassen. Teig von einer schmalen Seite her aufrollen, sodass eine 40 cm lange Rolle entsteht. Diese in ca. 3 cm dicke Scheiben schneiden. Die Schnecken mit der Butter rundum einpinseln. Die Form gründlich mit Butter einfetten. Teigschnecken mit der Schnittfläche nach oben in der Form verteilen. Abgedeckt ca. 30 Min. ruhen lassen.

4 Währenddessen den Backofen auf 180° vorheizen. Das Brot im heißen Ofen (Mitte) ca. 45 Min. backen. Herausnehmen und ca. 15 Min. abkühlen lassen. Den Springformrand vorsichtig vom Boden lösen. Das Brot noch warm genießen.

TEX-MEX-BLUME

Mmmh ... scharfe Bissen für coole Partys. Ein paar Happen vom frisch gebackenen Brot mit würziger Füllung, und schon werden Ihre Gäste begeistert sein.

1 Rezeptmenge deftiger
Hefeteig (s. S. 5)
1 Dose Kidneybohnen
(ca. 250 g Abtropfgewicht)
1 kleine Dose Mais
(ca. 150 g Abtropfgewicht)
200 g rote Paprika
3 Frühlingszwiebeln
150 g Cheddar (in Scheiben)
125 g Mozzarella
250 g Doppelrahmfrischkäse
1 TL gemahlener Kreuzkümmel
1 TL gemahlener Koriander
2 TL Chiliflocken
Salz | Pfeffer
1 Ei
Außerdem:
Mehl zum Arbeiten
Teller (ca. 26 cm ∅)
Glas (ca. 6 cm ∅)

Fiesta mexicana 🍃

Für 1 Brot (16 Stücke) |
50 Min. Zubereitungszeit |
1 Std. 30 Min. Ruhezeit |
45 Min. Backzeit
Pro Stück ca. 275 kcal,
11 g E, 12 g F, 30 g KH

1 Den Teig nach Grundrezept zubereiten. Kidneybohnen abgießen und mit dem Pürierstab pürieren. Den Mais abgießen und unterrühren. Die Paprika waschen, vierteln, putzen und ½ cm groß würfeln. Frühlingszwiebeln putzen, waschen und in feine Ringe schneiden. Den Cheddar klein würfeln. Mozzarella reiben. Paprika, Frühlingszwiebeln, Cheddar, Mozzarella und Frischkäse unter die Kidneybohnen-Mais-Masse rühren. Mit Kreuzkümmel, Koriander, Chiliflocken, Salz und Pfeffer kräftig würzen.

2 Den Teig noch einmal kurz durchkneten, in vier gleich große Stücke teilen. Die Stücke zu einer Kugel formen, jedes auf einer bemehlten Arbeitsfläche etwas größer als den bereitgestellten Teller ausrollen. Den Teller auflegen, mithilfe eines Messers vier Kreise ausschneiden.

3 Einen Teigkreis auf ein mit Backpapier belegtes Backblech legen und mit einem Drittel der Bohnen-Käse-Masse bestreichen. Dabei einen 1 cm breiten Rand lassen. Den zweiten Teigkreis darauflegen und mit einem weiteren Drittel der Masse bestreichen. Mit dem dritten Teigkreis genauso verfahren. Mit dem vierten Teigkreis abschließen.

4 Nun den hinteren Umschlag dieses Buches aufklappen und mit dem Teig wie dort in Step 4 und 5 beschrieben fortfahren. Die Tex-Mex-Blume abgedeckt ca. 30 Min. ruhen lassen.

5 Währenddessen den Backofen auf 180° vorheizen. Das Ei verquirlen und die Teigoberfläche damit einpinseln. Das Brot im heißen Ofen (Mitte) ca. 45 Min. backen. Herausnehmen und noch warm genießen.

BREZEL-MONKEY-BREAD

Augen- und Gaumenschmaus der ganz besonderen Art. Selbst gebackene Laugenbrötchen
mit körnigem Salz, dazu ofenwarmer, geschmolzener Käse: Besser geht's nicht!

1 Rezeptmenge deftiger
Hefeteig (s. S. 5)
2 EL Natron
200 g Appenzeller
200 g Kräuterfrischkäse
100 g Schinkenspeckwürfel
3 Frühlingszwiebeln
1 Ei
1 EL grobes Salz
Außerdem:
Mehl zum Arbeiten
1 runde Auflaufform
(ca. 28 cm ⌀)
Butter für die Form

Herzhaft und apart

Für 12 Brezel-Brötchen |
50 Min. Zubereitungszeit |
1 Std. 15 Min. Ruhezeit |
40 Min. Backzeit
Pro Stück ca. 315 kcal,
15 g E, 14 g F, 34 g KH

1 Den Teig nach Grundrezept zubereiten. Teig noch einmal kurz durchkneten, auf einer bemehlten Arbeitsfläche zu einer 40 cm langen Rolle formen und diese in 12 Stücke teilen. Jedes Teigstück zu einer Kugel formen. 15 Min. zugedeckt ruhen lassen. Inzwischen 1,5 l Wasser und Natron in einen großen Topf geben, zum Kochen bringen und ca. 10 Min. köcheln lassen.

2 Backofen auf 180° vorheizen. Die Form mit Butter einfetten. Je nach Topfgröße immer 2–3 Kugeln gleichzeitig ins sprudelnde Wasser geben, 30 Sek. kochen, wenden und weitere 30 Sek. kochen. Die Kugeln mit einer Schaumkelle aus dem Wasser nehmen, abtropfen lassen und dicht an dicht am Rand der Form anordnen. Oben mit einem scharfen Messer kreuzweise einschneiden.

3 Für die Füllung den Appenzeller reiben. Mit Frischkäse und Speckwürfeln verrühren. Die Frühlingszwiebeln putzen, waschen und schräg in Ringe schneiden. Zwei Drittel davon unter die Speck-Käsemasse rühren. Den Dip in die Mitte der Form geben. Das Ei verquirlen und die Brezelkugeln damit einpinseln. Mit grobem Salz bestreuen.

4 Das Brot im heißen Ofen (Mitte) 20–25 Min. backen, die Temperatur auf 200° hochschalten und 10–15 Min. weiterbacken, bis die Brezelkugeln appetitlich gebräunt sind. Herausnehmen. Übrige Frühlingszwiebeln darüber streuen. Das Monkey-Bread noch warm in der Backform servieren.

TIPP Statt Appenzeller und Frischkäse kann man auch andere würzige Käsesorten mischen. Lecker ist auch ein Dip aus 200 g Gruyère und 200 g reifem Camembert (ohne Rinde).

SWEET & LOVELY

Süß gerollt ist das Backwerk aus lockerem Hefeteig einfach himmlisch!
Buttrige Zimt-Zucker-Füllung, knackige Nüsse oder weiche Äpfel krönen die
Nascherei. So werden die süßen Stücke zu tollen Mitbringseln und
sind garantiert die Stars auf jeder Kaffeetafel.

APFEL-ZIMT-ÄHRENBROT

Mit fruchtiger Füllung und kernigem Topping mal ein ganz anderer Apfelkuchen.
Stück für Stück noch warm gezupft, schmeckt er besonders gut.

1 Rezeptmenge süßer
Hefeteig (s. S. 5)
2 Äpfel (ca. 350 g)
2 EL Zitronensaft
150 g Butter
3 EL brauner Zucker
1 TL Zimtpulver
50 g Walnusskerne
3 EL Zucker
6 EL Puderzucker
2 EL Milch
Außerdem:
Mehl zum Arbeiten

Eyecatcher 🌿

Für 1 Brot (10 Stücke) |
50 Min. Zubereitungszeit |
1 Std. 30 Min. Ruhezeit |
30 Min. Backzeit
Pro Stück ca. 560 kcal,
9 g E, 26 g F, 72 g KH

1 Den Teig nach Grundrezept zubereiten. Die Äpfel schälen, vierteln, das Kerngehäuse entfernen. Die Apfelviertel nochmals längs halbieren, dann quer in Scheibchen schneiden und diese mit dem Zitronensaft mischen. 100 g Butter in einem kleinen Topf zerlassen. Braunen Zucker und Zimt zugeben und rühren, bis sich der Zucker aufgelöst hat. Die Mischung abkühlen lassen. Ein Backblech mit Backpapier belegen.

2 Den Teig noch einmal kurz durchkneten und auf einer bemehlten Arbeitsfläche zu einem Rechteck (ca. 50 × 35 cm) ausrollen. Die Zucker-Zimt-Mischung auf den Teig streichen. Die Apfelstücke darauf verteilen. Den Teig von einer schmalen Seite her aufrollen (Bild 1). Diese mit der Naht nach unten auf das Backblech legen.

3 Die Teigrolle mit einem scharfen Messer von oben schräg auf einer Seite etwa alle 4 cm tief ein-, aber nicht durchschneiden, ein Viertel der Rolle sollte noch zusammenhängen (Bild 2). Jeden zweiten Teigabschnitt vorsichtig auf die gegenüberliegende Seite drehen, sodass ein Ährenmuster entsteht (Bild 3). Abgedeckt ca. 30 Min. ruhen lassen.

4 Den Ofen auf 180° vorheizen. 50 g Butter zerlassen. Das Brot damit bestreichen und im heißen Ofen (Mitte) ca. 30 Min. backen.

5 Die Walnusskerne grob hacken. 3 EL Zucker in einem Topf bei kleiner Hitze erwärmen. Sobald der Zucker flüssig wird, die Walnusskerne unterrühren, sodass alle Kerne ummantelt sind. Die Walnüsse sofort auf dem Brot verteilen. Den Puderzucker mit der Milch zu einem Guss anrühren und diesen auf dem Brot verteilen. Das Brot noch warm genießen.

CRANBERRY-MANDEL-SPIRALE

Funktioniert wunderbar, duftet und schmeckt verführerisch. Das süße Backwerk besticht durch die Kombination der herb-säuerlichen Beeren mit dem Mandelaroma.

1 Rezeptmenge süßer
Hefeteig (s. S. 5)
100 g getrocknete Cranberrys
6 EL Amaretto
100 g Marzipanrohmasse
3 EL Milch
40 g Mandeln
1 Ei
Außerdem:
Mehl zum Arbeiten

Süß geschraubt

Für 1 Brot (12 Stücke) |
45 Min. Zubereitungszeit |
1 Std. 30 Min. Ruhezeit |
35 Min. Backzeit
Pro Stück ca. 375 kcal,
9 g E, 14 g F, 52 g KH

1 Den Teig nach Grundrezept zubereiten. Die Cranberrys in 4 EL Amaretto einweichen. Marzipanrohmasse in einem Topf mit 2 EL Amaretto und der Milch unter Rühren bei kleiner Hitze erwärmen. Die Mandeln hacken und in einer Pfanne ohne Fett rösten.

2 Den Teig noch einmal kurz durchkneten und auf einer bemehlten Arbeitsfläche zu einem Rechteck (ca. 60 × 40 cm) ausrollen. Die Marzipanmasse auf den Teig streichen. Cranberrys und Mandeln darüberstreuen. Teig von einer langen Seite her aufrollen.

3 Die Teigrolle, bis auf die oberen 5 cm, mit einem scharfen Messer längs halbieren, sodass zwei zusammenhängende Teigstränge entstehen. Stränge, am verbundenen Ende beginnend, locker immer wieder gegenseitig überkreuzen und so zu einem Zopf legen. Dann den Teigstrang um das obere Ende wickeln, sodass eine Spirale entsteht.

4 Das Brot auf ein mit Backpapier belegtes Backblech legen und abgedeckt ca. 30 Min. ruhen lassen. Währenddessen den Ofen auf 180° vorheizen. Das Ei verquirlen und die Teigspirale damit einpinseln. Im heißen Ofen (Mitte) ca. 35 Min. backen. Herausnehmen und noch warm genießen.

TIPP Anstelle von Cranberrys und Amaretto können Sie für den Belag auch andere Trockenfrüchte und geschmacksgebende Alkoholika verwenden. Probieren Sie mal Rosinen und Rum oder getrocknete Aprikosen und Orangenlikör. Die Aprikosen vor dem Einlegen in kleine Stückchen schneiden.

MASCARPONE-HEIDELBEER-ZOPF

Stars, wie wir sie lieben: Die Kombination aus Heidelbeeren und Mascarpone klingt so
verlockend, da läuft nicht nur Kuchenfans das Wasser im Mund zusammen.

½ Rezeptmenge süßer Hefe-
teig (s. S. 5; ohne Ei)
1 Bio-Zitrone
100 g Mascarpone
1 Pck. Vanillezucker
120 g Heidelbeeren
100 g Heidelbeerkonfitüre
1 Ei
Außerdem:
Mehl zum Arbeiten

Für Leckermäuler 🌿

Für 1 Zopf (20 Stücke) |
40 Min. Zubereitungszeit |
1 Std. 30 Min. Ruhezeit |
30 Min. Backzeit |
60 Min. Abkühlzeit
Pro Stück ca. 120 kcal,
2 g E, 5 g F, 16 g KH

1 Den Teig nach Grundrezept zubereiten, dabei in Step 2 das Ei weglassen. Die Zitrone heiß abwaschen und abtrocknen. 1 TL Schale fein abreiben. Mascarpone mit Zitronenschale und Vanillezucker verrühren. Heidelbeeren waschen und abtropfen lassen. Ein Backblech mit Backpapier belegen.

2 Den Teig noch einmal kurz durchkneten und auf einer bemehlten Arbeitsfläche oval (ca. 30 × 40 cm) ausrollen. Auf das Backblech legen. Mit Mascarponecreme bestreichen, dabei rundum einen ca. 8 cm breiten Rand lassen. Konfitüre auf die Creme streichen, Heidelbeeren darauf verteilen.

3 Die Teigränder links und rechts der Füllung etwa alle 2 cm breit schräg einschneiden, oben beginnend. Das Ganze sieht dann aus wie ein dicker Stamm, an dem seitlich Zweige schräg nach unten zeigen. Oberen und unteren Rand nach innen schlagen. Teigstreifen von oben beginnend schräg von beiden Seiten abwechselnd zur Mitte legen, sodass sich die Enden ca. 1 cm überlappen. Fest, aber dennoch behutsam andrücken.

4 Den Zopf abgedeckt ca. 30 Min. ruhen lassen. Währenddessen den Ofen auf 180° vorheizen. Das Ei verquirlen und den Zopf damit einpinseln. Den Zopf im heißen Ofen (Mitte) in ca. 30 Min. goldbraun backen. Aus dem Ofen nehmen. Auf einem Kuchengitter vollständig auskühlen lassen.

ZUPFBROT MIT APFELMUS UND ROSINEN

1 Rezeptmenge süßer Hefeteig (s. S. 5) | 50 g Rosinen | 2 EL Rum | 1 Bio-Zitrone | 350 g Apfelmus | 1 Pck. backfeste Vanille-Puddingcreme | 200 ml Milch | 50 g Sahne | 6 EL Puderzucker | 2 EL gehackte Pistazien | Mehl zum Arbeiten und für die Form | Kastenform (30 cm lang) | Butter für die Form

Saftig und fruchtig

Für 1 Brot (20 Stücke) | 45 Min. Zubereitungszeit | 1 Std. 30 Min. Ruhezeit | 45 Min. Backzeit | 60 Min. Abkühlzeit
Pro Stück ca. 230 kcal, 5 g E, 7 g F, 37 g KH

1 Teig nach Grundrezept zubereiten. Rosinen ca. 15 Min. im Rum einweichen. Zitrone heiß abwaschen, abtrocknen, 2 TL Schale abreiben und unter das Apfelmus rühren. Von der Zitrone für den Guss 2 EL Saft auspressen und beiseitestellen.

2 Den Teig noch einmal kurz durchkneten und auf einer bemehlten Arbeitsfläche zu einem Quadrat ausrollen (ca. 48 × 48 cm). Puddingcreme mit Milch und Sahne verrühren, auf den Teig streichen, dabei rundum einen 1 cm breiten Rand freilassen. Creme in ca. 5 Min. fest werden lassen. Die Form gründlich mit Butter einfetten, mit Mehl ausstäuben.

3 Apfelmus auf die Creme streichen. Rosinen ausdrücken und darüber streuen. Nun den vorderen Umschlag dieses Buches aufklappen und mit dem Teig wie dort in Step 3–5 beschrieben fortfahren. Abgedeckt ca. 30 Min. ruhen lassen.

4 Ofen auf 180° vorheizen. Das Brot im heißen Ofen (Mitte) ca. 45 Min. backen, ca. 15 Min. abkühlen lassen, dann auf ein Gitter stürzen. Zitronensaft mit dem Puderzucker verrühren. Den Guss über das Brot träufeln. Mit Pistazien bestreuen.

ZUPFBROT MIT ZIMT UND ZUCKER

1 Rezeptmenge süßer Hefeteig (s. S. 5) | 150 g weiche Butter | 120 g Rohrohrzucker | 2 TL Zimtpulver | 1 Pck. Vanillezucker | Mehl zum Arbeiten und für die Form | Kastenform (30 cm lang) | Butter für die Form

Amerikanischer Klassiker

Für 1 Brot (20 Stücke) | 40 Min. Zubereitungszeit | 1 Std. 30 Min. Ruhezeit | 35 Min. Backzeit | 15 Min. Abkühlzeit
Pro Stück ca. 245 kcal, 4 g E, 12 g F, 30 g KH

1 Teig nach Grundrezept zubereiten. Nach der Ruhezeit den Teig noch einmal kurz durchkneten und auf einer bemehlten Arbeitsfläche zu einem Quadrat (ca. 48 × 48 cm) ausrollen.

2 In einem kleinen Topf die Butter zerlassen. Rohrzucker, Zimt und Vanillezucker unterrühren und den Zucker unter Rühren schmelzen lassen. Die Zucker-Zimt-Mischung etwas abkühlen lassen, dann auf den Teig streichen.

3 Die Form gründlich mit Butter einfetten. Mit Mehl ausstäuben. Den vorderen Umschlag dieses Buches aufklappen und mit dem Teig wie dort in Step 3–5 beschrieben fortfahren. Abgedeckt ca. 30 Min. ruhen lassen.

4 Währenddessen den Backofen auf 180° vorheizen. Das Zupfbrot im heißen Ofen (Mitte) ca. 35 Min. backen. Herausnehmen und ca. 15 Min. abkühlen lassen. Vorsichtig aus der Form stürzen.

NUSS-NOUGAT-BLUME

Ein süßer Kuchentraum, der nicht nur Kids begeistert! Passt zu jedem Anlass, egal ob einfach mal zum Kaffee am Nachmittag oder zum Mitbringen in die Schule.

1 Rezeptmenge süßer
Hefeteig (s. S. 5)
100 g Haselnusskerne
450 g Nuss-Nougat-Creme
Außerdem:
Mehl zum Arbeiten
Teller (ca. 26 cm ∅)
Glas (ca. 6 cm ∅)

Sündhaft süß 🍃

Für 1 Blume (16 Stücke) |
50 Min. Zubereitungszeit |
1 Std. 30 Min. Ruhezeit |
25 Min. Backzeit
Pro Stück ca. 390 kcal,
8 g E, 19 g F, 46 g KH

1 Den Teig nach Grundrezept zubereiten. Die Haselnusskerne hacken und in einer Pfanne ohne Fett hellbraun rösten. Aus der Pfanne nehmen. Ein Backblech mit Backpapier belegen.

2 Den Teig noch einmal kurz durchkneten und in vier gleich große Stücke teilen. Die Stücke jeweils zu einer Kugel formen und auf einer bemehlten Arbeitsfläche etwas größer als den bereitgestellten Teller ausrollen. Den Teller auflegen und mithilfe eines Messers vier Kreise ausschneiden.

3 Einen Teigkreis auf das Backblech legen und mit einem Drittel der Nuss-Nougat-Creme bestreichen, ein Drittel der Haselnüsse aufstreuen. Dabei einen 1 cm breiten Rand lassen. Den zweiten Teigkreis darauflegen und mit einem weiteren Drittel der Creme bestreichen und das zweite Drittel der Nüsse aufstreuen. Mit dem dritten Teigkreis genauso verfahren. Mit dem vierten Teigkreis abschließen.

4 Nun den hinteren Umschlag dieses Buches aufklappen und mit dem Teig wie dort in Step 4 und 5 beschrieben fortfahren. Die Nuss-Nougat-Blume abgedeckt ca. 30 Min. ruhen lassen.

5 Währenddessen den Backofen auf 180° vorheizen. Das Brot im heißen Ofen (Mitte) ca. 25 Min. backen. Herausnehmen und am besten sofort genießen.

TIPP Zum Bestreuen der Teigplatten eignen sich statt der Haselnusskerne auch Mandeln. Diese ebenfalls hacken und kurz in einer Pfanne ohne Fett rösten, bis sie anfangen zu duften.

ORANGEN-SCHOKO-KRANZ

½ Rezeptmenge süßer Hefeteig (s. S. 5; ohne Ei) | 40 g Haselnusskerne | 100 g Zartbitterschokolade | 30 g Butter | 300 g Orangenmarmelade | Mehl zum Arbeiten

Himmlischer Genuss

Für 1 Kranz (12 Stücke) | 45 Min. Zubereitungszeit | 1 Std. 30 Min. Ruhezeit | 35 Min. Backzeit
Pro Stück ca. 280 kcal, 4 g E, 11 g F, 40 g KH

1 Teig nach Grundrezept zubereiten, dabei in Step 2 das Ei weglassen. Ein Backblech mit Backpapier belegen. Haselnusskerne hacken und in einer Pfanne ohne Fett rösten. Herausnehmen. Die Zartbitterschokolade hacken. Die Butter in einem kleinen Topf zerlassen.

2 Den Teig noch einmal kurz durchkneten und auf einer bemehlten Arbeitsfläche zu einem Rechteck (ca. 30 × 40 cm) ausrollen. Mit geschmolzener Butter einpinseln. Orangenmarmelade daraufstreichen. Gehackte Schokolade darauf verteilen. Mit den Haselnüssen bestreuen.

3 Den Teig von einer langen Seite her aufrollen. Die Teigrolle bis auf die oberen 5 cm mit einem scharfen Messer längs halbieren, sodass zwei offene Teigstränge entstehen. Die Stränge locker umeinander wickeln und den Strang zu einem Kranz formen. Die Enden zusammendrücken. Den Kranz auf das Backblech legen und abgedeckt ca. 30 Min. ruhen lassen.

4 Währenddessen den Ofen auf 180° vorheizen. Das Brot im heißen Ofen (Mitte) ca. 35 Min. backen. Herausnehmen und noch warm genießen.

BANANEN-SCHOKO-ZUPFBROT

1 Rezeptmenge süßer Hefeteig (s. S. 5) | 200 g Zartbitterschokolade | 120 g Rohrohrzucker | 4 kleine reife Bananen | 2 EL Kokosraspel | Mehl zum Arbeiten und für die Form | Kastenform (30 cm lang) | Öl für die Form

Für Einsteiger 🌱

Für 1 Brot (20 Stücke) | 50 Min. Zubereitungszeit | 1 Std. 30 Min. Ruhezeit | 35 Min. Backzeit | 15 Min. Abkühlzeit
Pro Stück ca. 260 kcal, 5 g E, 11 g F, 36 g KH

1 Teig nach Grundrezept zubereiten. Die Form mit Öl einfetten, mit Mehl ausstäuben. 150 g Schokolade hacken und mit dem Rohrzucker mischen. Die Bananen schälen, mit einer Gabel zerdrücken.

2 Den Teig noch einmal kurz durchkneten und auf einer bemehlten Arbeitsfläche zu einem Quadrat ausrollen (ca. 48 × 48 cm). Die Bananenmasse auf den Teig streichen, dabei rundum einen 1 cm breiten Rand freilassen. Die Zucker-Schokoladen-Mischung darüber verteilen.

3 Den vorderen Umschlag dieses Buches aufklappen, mit dem Teig wie dort in Step 3–5 beschrieben fortfahren. Abgedeckt 30 Min. ruhen lassen.

4 Inzwischen den Ofen auf 180° vorheizen. Das Zupfbrot im heißen Ofen (Mitte) 35 Min. backen. Herausnehmen und ca. 15 Min. abkühlen lassen.

5 Die restliche Schokolade in Stücke brechen, in einer Schüssel über einem heißen Wasserbad schmelzen. Die Kokosraspel in einer trockenen Pfanne ganz leicht rösten. Das Brot aus der Form stürzen, umdrehen und die Schokolade in Streifen über das Brot ziehen. Mit Kokosraspeln bestreuen.

CAPPUCCINO-HIMBEER-SCHNECKEN

Fruchtig und schokoladig – so präsentieren sich die süßen Happen, die wirklich auf jeden Kaffeetisch passen. Mit einem Klacks Sahne eine perfekte Sache.

200 ml Milch
250 g weiche Butter
1 Pck. Instant-Cappuccino-
pulver (12,5 g)
1 Würfel Hefe (42 g)
5 EL Zucker
500 g Mehl
3 EL Kakaopulver
1 EL Espressokaffeepulver
1 Ei
200 g weiße Schokolade
350 g Himbeerkonfitüre
125 g Himbeeren
Außerdem:
1 rechteckige Form
(ca. 33 × 23 cm)
Butter für die Form
Mehl zum Arbeiten

Dolce vita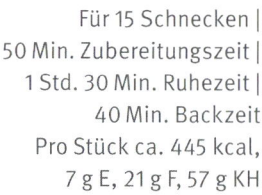

Für 15 Schnecken |
50 Min. Zubereitungszeit |
1 Std. 30 Min. Ruhezeit |
40 Min. Backzeit
Pro Stück ca. 445 kcal,
7 g E, 21 g F, 57 g KH

1 Die Milch in einem kleinen Topf erwärmen, 100 g Butter darin zerlassen, das Cappuccinopulver einrühren. Die Mischung lauwarm abkühlen lassen. Die Hefe hineinbröckeln und mit 1 EL Zucker glatt rühren. Ca. 15 Min. stehen lassen.

2 Das Mehl in eine große Schüssel sieben, mit 4 EL Zucker, Kakao- und Espressopulver mischen. Ei und die Butter-Hefe-Milch dazugeben. Alles zunächst mit den Knethaken des Handrührgeräts, dann mit den Händen zu einem glatten, geschmeidigen Teig verkneten. Teig zur Kugel formen, zugedeckt ca. 45 Min. an einem warmen Ort gehen lassen, bis er sein Volumen verdoppelt hat.

3 Die Form mit Butter einfetten. Teig durchkneten, auf einer bemehlten Arbeitsfläche zum Rechteck ausrollen (ca. 36 × 50 cm). Für die Füllung 100 g Schokolade in einer Schüssel über einem heißen Wasserbad schmelzen. Die übrige Butter in einer Schüssel mit den Quirlen des Handrührgeräts 1 Min. cremig schlagen, geschmolzene Schokolade unterrühren. Schokobutter auf den Teig streichen. Die Konfitüre darauf verteilen, glatt streichen.

4 Teig von einer schmalen Seite her aufrollen, so entsteht eine 36 cm lange Rolle. Diese in 15 Scheiben schneiden und in die Form legen. Zugedeckt ca. 30 Min. ruhen lassen.

5 Backofen auf 180° vorheizen. Die Cappuccino-Schnecken im heißen Ofen (Mitte) 30 Min. backen. Die Himbeeren darauf verteilen und weitere 10 Min. backen. Restliche Schokolade in Stücke bröckeln und in einer Schüssel über einem heißen Wasserbad schmelzen. Schnecken aus dem Ofen nehmen, die geschmolzene Schokolade darauf verteilen. Das Gebäck noch warm genießen.

SÄCKCHEN MIT CASSIS-BEEREN

Bissen für Bissen ein Genuss! Noch warm aus dem Ofen sind die kleinen Beutelchen mit süßem Inhalt ein Traum. Probieren Sie mal Vanillesauce oder Vanilleeis dazu!

1 Rezeptmenge süßer
Hefeteig (s. S. 5)
300 g gemischte TK-Beeren
70 g Crème fraîche
100 g Doppelrahmfrischkäse
½ Vanilleschote
140 g Zucker
1 Ei
2 EL Cassis-Likör
100 ml Milch
50 g Butter
2 EL Puderzucker
Außerdem:
Mehl zum Arbeiten
Auflaufform (ca. 35 × 30 cm)
Butter für die Form

Traumhafte Kombination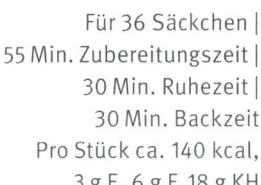

Für 36 Säckchen |
55 Min. Zubereitungszeit |
30 Min. Ruhezeit |
30 Min. Backzeit
Pro Stück ca. 140 kcal,
3 g E, 6 g F, 18 g KH

1 Den Teig nach Grundrezept zubereiten. Die Beeren auftauen lassen. Die Form gründlich mit Butter einfetten. Crème fraîche mit Frischkäse verrühren. Die Vanilleschote längs aufschneiden und das Mark herauskratzen. Vanillemark, 50 g Zucker und das Ei unter den Frischkäse rühren. 200 g Beeren mit 40 g Zucker und Cassis-Likör mischen.

2 Den Teig noch einmal kurz durchkneten und auf einer bemehlten Arbeitsfläche zu einem Quadrat ausrollen (48 × 48 cm). Die Teigplatte waagerecht und senkrecht in ca. 8 cm breite Streifen schneiden, sodass 8 × 8 cm große Quadrate entstehen.

3 Jeweils 1 TL Frischkäsemasse sowie 1 TL Beeren in die Mitte der Quadrate geben. Die Ecken der Teigquadrate hochziehen und zusammendrücken. Die Teigsäckchen nebeneinander in die Form setzen. Die restlichen Beeren daraufstreuen. Säckchen zugedeckt ca. 30 Min. ruhen lassen.

4 Den Backofen auf 180° vorheizen. Die Milch mit der Butter in einem kleinen Topf erhitzen. Die Teigsäckchen mit der Milchbutter übergießen. Mit 50 g Zucker bestreuen. Die Säckchen im heißen Ofen (Mitte) ca. 30 Min. backen. Die Form aus dem Ofen nehmen und das Gebäck mit Puderzucker übersieben, noch warm in der Form servieren.

TIPP Sollten Sie zum Einlegen für die Beeren keinen Cassis-Likör zur Hand haben, können Sie auch andere aromatische Spirituosen wie Mandellikör, Sherry oder Obstbrand verwenden. Wer auf Alkohol verzichten möchte, kann Saft und abgeriebene Schale von Orange oder Limette verwenden.

QUICK & EASY

Vorhang auf für die Schnellen! Lecker gefüllt und in unendlich vielen Kombinationen kann man ganz schnell köstliche Zupfbrote auf den Tisch zaubern. Mit herzhaftem Käse, frischen Kräutern und würzigen Zutaten sind die guten Stücke ratzfatz fertig!

SPINAT-ARTISCHOCKEN-BLÜTE

300 g TK-Blattspinat | 1 Dose Artischocken-
herzen (ca. 240 g Abtropfgewicht) | 80 g Parme-
san | 200 g Doppelrahmfrischkäse | 50 g saure
Sahne | 2 TL Knoblauchpulver | Salz | Pfeffer |
400 g Pizzateig (Kühlregal) | 1 Ei | Teller
(ca. 25 cm ⌀) | Glas (ca. 6 cm ⌀)

Augenweide 🌿

Für 1 Blüte (16 Stücke) | 35 Min. Zubereitungs-
zeit | 40 Min. Backzeit
Pro Stück ca. 135 kcal, 5 g E, 7 g F, 12 g KH

1 Den Spinat nach Packungsanweisung auftauen.
Artischocken abgießen, in kleine Stücke schneiden. Den Parmesan reiben. Frischkäse mit saurer
Sahne und Parmesan verrühren. Den Spinat ausdrücken und mit den Artischocken unter die Frisch-
käsemischung rühren. Mit Knoblauchpulver,
1 TL Salz und 1 TL Pfeffer würzen.

2 Den Ofen auf 200° vorheizen. Ein Backblech
mit Backpapier belegen. Den Teig auf eine Größe
von ca. 25 × 50 cm ziehen. Mithilfe des bereitgestellten Tellers zwei Kreise ausschneiden. Einen
Teigkreis auf das Backblech legen. Masse darauf
verteilen, dabei einen 1 cm breiten Rand frei lassen. Den zweiten Teigkreis darauflegen. Teigkreise
außen rundum aneinanderdrücken.

3 Das bereitgestellte Glas mittig kopfüber auf
dem Teig platzieren und leicht andrücken. Mit
einem Messer das Teigpaket, am Abdruck beginnend, bis ganz nach außen durch alle Schichten
hindurch in 16 gleich große Stücke teilen. Die ein-
zelnen Stücke um 90 Grad drehen, sodass die Füllung nach oben zeigt. Das Ei verquirlen und das
Brot damit einpinseln. Im heißen Ofen (Mitte)
ca. 35 Min. backen. Noch warm genießen.

FRANZÖSISCHES PARTYBROT

200 g Gruyère | 200 g Camembert | ½ Bund Petersilie | ½ Bund Estragon | 4 Zweige Thymian | 1 Bio-Zitrone | 60 g Butter | Salz | Pfeffer | 1 helles Weizenmischbrot (750 g)

So was von köstlich!

Für 1 Brot (40 Stücke) | 30 Min. Zubereitungszeit | 30 Min. Backzeit
Pro Stück ca. 90 kcal, 4 g E, 4 g F, 9 g KH

1 Den Gruyère reiben, den Camembert ½ cm groß würfeln. Die Kräuter waschen und trocken schütteln. Die Blättchen von Petersilie und Estragon abzupfen und hacken. Von den Thymianzweigen die Blättchen abstreifen. Die Zitrone heiß abwaschen und abtrocknen. 2 TL Schale abreiben. Die Butter in einem kleinen Topf zerlassen und mit den gehackten Kräutern verrühren. Die Zitronenschale unterrühren. Mit Salz und Pfeffer würzen.

2 Das Brot mit einem Brotmesser alle 2 cm gitterförmig bis 1–2 cm über den Boden einschneiden, also nicht ganz durchschneiden. So entstehen ca. 2 × 2 cm große Stücke, und unten hängt das Brot noch zusammen. Ein Backblech mit Backpapier belegen, das Brot darauflegen.

3 Den Backofen auf 180° vorheizen. Die Käsemischung gleichmäßig in die Einschnitte füllen. Die geschmolzene Kräuterbutter darüber träufeln. Das Brot mit Alufolie abdecken. Im heißen Ofen (Mitte) ca. 20 Min. backen. Alufolie entfernen und das Brot noch ca. 10 Min. weiterbacken, damit es knusprig wird. Sofort servieren.

TIROLER PARTYBROT

150 g würziger Bergkäse | 1 Zwiebel | 60 g weiche Butter | 80 g Schinkenspeckwürfel | 1 Bund Schnittlauch | 1 TL Fenchelsamen | ½ TL gemahlener Koriander | Salz | Pfeffer | 1 dunkles Roggenmischbrot (500 g) | Mörser

Aus der Alpenküche

Für 1 Brot (25 Stücke) | 35 Min. Zubereitungszeit | 30 Min. Backzeit
Pro Stück ca. 95 kcal, 4 g E, 5 g F, 9 g KH

1 Den Käse reiben. Zwiebel schälen und würfeln. In einer Pfanne 1 EL Butter erhitzen. Zwiebel und Speck dazugeben und glasig dünsten. Inzwischen den Schnittlauch waschen, trocken schütteln, in Röllchen schneiden und unterrühren. Die Pfanne von der Kochstelle nehmen. Die restliche Butter in einem kleinen Topf zerlassen. Fenchelsamen im Mörser grob zerstoßen. Mit dem Koriander unter die Butter rühren. Die Gewürzbutter mit Salz und Pfeffer abschmecken.

2 Das Brot mit einem Brotmesser alle 2 cm rautenartig bis 1–2 cm über dem Boden einschneiden, also nicht ganz durchschneiden. So entstehen ca. 2 × 2 cm große Stücke, und unten hängt das Brot noch zusammen. Ein Backblech mit Backpapier belegen, das Brot darauflegen.

3 Ofen auf 180° vorheizen. Den Käse gleichmäßig in die Einschnitte füllen. Zwiebel-Speck-Mischung in die Spalten geben. Die Gewürzbutter über das Brot träufeln. Das Brot mit Alufolie abdecken. Im heißen Ofen (Mitte) ca. 20 Min. backen. Folie entfernen und das Brot noch ca. 10 Min. weiterbacken, damit es knusprig wird. Sofort genießen.

PIZZA-ZUPFBROT

125 g Mozzarella | 70 g Parmesan | 1 Pck. Brötchen-Rohlinge (8 Stück; Kühlregal) | 1 EL Olivenöl | 2 TL getrocknete italienische Kräutermischung | 80 g Salami (in Scheiben) | 5 eingelegte Peperoni (Glas) | 3 EL Tomatenmark | 1 ofenfeste Form (ca. 33 × 23 cm) | Öl für die Form

Italo-Ofenhit

Für 32 Stücke | 20 Min. Zubereitungszeit | 35 Min. Backzeit
Pro Stück ca. 60 kcal, 3 g E, 3 g F, 6 g KH

1 Den Mozzarella und den Parmesan grob reiben. Die Brötchen-Rohlinge voneinander trennen und jeden Rohling vierteln.

2 Die Teigstücke in eine große Schüssel geben. Das Olivenöl über die Teigstücke träufeln. Die Kräutermischung darüberstreuen. Alles mit den Händen vermengen, sodass alle Teigstücke rundum mit Öl benetzt sind.

3 Die Salamischeiben in mundgerechte Stücke reißen. Peperoni in Ringe schneiden. Salamistücke, Peperoniringe und Tomatenmark unter die Teigstücke mischen. Den Mozzarella und den Parmesan dazugeben. Alles miteinander vermengen.

4 Den Backofen auf 200° vorheizen. Die Form gründlich mit Öl einfetten. Die Teigstückchen in die Form geben. Das Pizza-Zupfbrot im heißen Ofen (Mitte) in ca. 35 Min. goldbraun backen. Noch warm servieren.

AUBERGINEN-HACKFLEISCH-ZOPF

Für alle Fans der Mittelmeerküche genau das Richtige! Mit saftiger Hackfüllung und Feta ist dieses Ofenbrot eine besonders würzig-kulinarische Angelegenheit.

1 Zwiebel
1 Knoblauchzehe
3 EL Olivenöl
250 g Rinderhackfleisch
200 g stückige Tomaten (aus der Dose)
100 g Aubergine
Salz | Pfeffer
1 TL gemahlener Kreuzkümmel
1 TL gemahlener Koriander
400 g Pizzateig (Kühlregal)
100 g Feta
1 Ei

Mediterran

Für 1 Zopf (20 Stücke) |
45 Min. Zubereitungszeit |
35 Min. Backzeit
Pro Stück ca. 110 kcal,
6 g E, 6 g F, 9 g KH

1 Zwiebel und Knoblauch schälen, fein würfeln. 1 EL Öl in einem Topf erhitzen. Hackfleisch zugeben, bei großer Hitze unter Rühren in ca. 5 Min. krümelig braten. Zwiebel und Knoblauch unterrühren. Bei mittlerer Hitze ca. 5 Min. weiterbraten. Tomaten zufügen. Alles unter Rühren erhitzen, ca. 15 Min. offen köcheln lassen.

2 Inzwischen die Aubergine putzen, waschen, ca. ½ cm groß würfeln. In einer Pfanne 2 EL Olivenöl erhitzen, die Auberginenwürfel darin unter Rühren bei großer Hitze in ca. 5 Min. hellbraun anbraten. Salzen und pfeffern.

3 Die Hacksauce mit Kreuzkümmel und Koriander würzen. Mit Salz und Pfeffer abschmecken. Auberginen in die Sauce rühren. Den Backofen auf 180° vorheizen. Den Teig entrollen, Papier abziehen und den Teig auf Backpapier zu einer ovalen Platte formen. Die Hackfleisch-Auberginen-Mischung mittig als breiten Strang darauf verteilen, dabei rundum einen ca. 5 cm breiten Rand lassen. Den Feta über die Mischung bröckeln.

4 Teigränder links und rechts der Füllung schräg alle ca. 2 cm breit einschneiden, oben beginnend. Das Ganze sieht dann aus wie ein dicker Stamm, an dem seitlich Zweige schräg nach unten zeigen. Oberen und unteren Rand nach innen schlagen. Teigstreifen von oben beginnend schräg von beiden Seiten abwechselnd zur Mitte legen, sodass sich die Enden ca. 1 cm überlappen. Fest, aber dennoch behutsam andrücken.

5 Das Ei verquirlen, den Zopf damit einpinseln. Mit dem Papier auf ein Backblech ziehen, im heißen Ofen (Mitte) in ca. 35 Min. goldbraun backen. Herausnehmen und noch warm genießen.

VIER-KÄSE-PARTYBROT

100 g Parmesan | 100 g Emmentaler | 125 g Mozzarella | 150 g Gorgonzola | 4 EL trockener Weißwein | 1 Bund Petersilie | 4 Zweige Thymian | grob gemahlener Pfeffer | 40 g Butter | 1 Knoblauchzehe | 1 helles Weizenmischbrot (750 g)

Zum Dahinschmelzen

Für 1 Brot (40 Stücke) | 35 Min. Zubereitungszeit | 30 Min. Backzeit
Pro Stück ca. 90 kcal, 4 g E, 4 g F, 9 g KH

1 Parmesan, Emmentaler und Mozzarella grob reiben. Den Gorgonzola zerbröckeln. In einer Schüssel alle vier Käsesorten mit dem Weißwein mischen. Petersilie und Thymian waschen und trocken schütteln. Die Petersilienblätter abzupfen und hacken. Thymianblättchen abstreifen. Beides unter den Käse rühren. Mit 1 TL grob gemahlenem Pfeffer würzen.

2 Die Butter in einem kleinen Topf erhitzen. Knoblauch schälen, fein hacken und in der Butter glasig dünsten. Das Brot mit einem Brotmesser etwa alle 2 cm gitterförmig bis 1–2 cm über den Boden einschneiden, also nicht ganz durchschneiden. So entstehen ca. 2 × 2 cm große Stücke, und unten hängt das Brot noch zusammen. Ein Backblech mit Backpapier belegen, das Brot darauflegen.

3 Den Backofen auf 180° vorheizen. Die Käsemischung in die Brotspalten geben. Die Knoblauchbutter über das gesamte Brot träufeln. Das Brot mit Alufolie abdecken. Im heißen Ofen (Mitte) ca. 20 Min. backen. Alufolie entfernen und das Brot noch ca. 10 Min. weiterbacken, damit es knusprig wird. Sofort genießen.

PARTYBAGUETTE MIT BRIE

40 g getrocknete Aprikosen | 25 g Hasel-
nusskerne mit Haut | 2 Zweige Rosmarin |
60 g weiche Butter | Salz | Pfeffer | 200 g Brie |
1 Baguette (350 g)

Nussig-cremig 🌿

Für 1 Baguette (10 Scheiben) | 25 Min. Zubarei-
tungszeit | 30 Min. Backzeit
Pro Stück ca. 230 kcal, 8 g E, 12 g F, 22 g KH

1 Die Aprikosen etwas kleiner schneiden. Zusammen mit den Haselnüssen im Mixer fein hacken.
Den Rosmarin waschen und trocken schütteln.
Die Nadeln abzupfen und fein hacken. Die Butter
mit den Nüssen, Aprikosen und dem Rosmarin
mischen. Mit Salz und Pfeffer würzen.

2 Den Brie in dünne Scheiben schneiden. Den
Backofen auf 180° vorheizen. Ein Backblech mit

Backpapier belegen. Das Baguette mit einem Brotmesser etwa alle 2 cm schräg bis 1–2 cm über den
Boden einschneiden, also nicht ganz durchschneiden. So entstehen ca. 10 Scheiben.

3 Das Baguette auf das Backblech legen. Die
Briestreifen in die Brotspalten stecken. Die Apri-
kosen-Nuss-Mischung ebenfalls darin verteilen.

4 Das Baguette mit Alufolie abdecken und im
heißen Ofen (Mitte) ca. 20 Min. backen. Die Folie
entfernen und das Brot noch ca. 10 Min. backen,
damit es knusprig wird. Noch warm genießen.

PARTYBROT MIT PILZEN

5 Frühlingszwiebeln | 100 g Butter | Salz | Pfeffer | 350 g Champignons | 1 EL neutrales Öl | 3 Zweige Thymian | 350 g Blauschimmelkäse | 1 rundes dunkles Mischbrot (750 g)

Mit Suchtfaktor!

Für 1 Brot (40 Stücke) | 35 Min. Zubereitungszeit | 30 Min. Backzeit
Pro Stück ca. 100 kcal, 3 g E, 6 g F, 9 g KH

1 Frühlingszwiebeln putzen, waschen und in Röllchen schneiden. Butter schmelzen, Frühlingszwiebeln einrühren. Salzen und pfeffern.

2 Champignons putzen und in Scheiben schneiden. Das Öl in einer Pfanne erhitzen und die Pilze darin ca. 4 Min. anbraten. Mit Salz und Pfeffer würzen. Thymian waschen und trocken schütteln, Blättchen abzupfen und unterrühren.

3 Das Brot mit einem Brotmesser alle 2 cm gitterfömig 1–2 cm über den Boden einschneiden, also nicht ganz durchschneiden. So entstehen ca. 2 × 2 cm große Stücke, und unten hängt das Brot noch zusammen. Ein Backblech mit Backpapier belegen, das Brot darauflegen.

4 Backofen auf 180° vorheizen. Käse zerbröckeln und mit den Pilzen in die Brotspalten stecken. Die Frühlingszwiebel-Butter in den Spalten und über dem Brot verteilen. Das Brot mit Alufolie abdecken. Im heißen Ofen (Mitte) ca. 20 Min. backen. Folie entfernen und das Brot noch ca. 10 Min. weiterbacken, damit es knusprig wird. Sofort servieren.

ZUPFSCHNECKEN MIT SARDELLENBUTTER

2 Knoblauchzehen | 40 g Butter | 8 Sardellen-
filets | 1 Bund Petersilie | Salz | Pfeffer | 60 g ge-
trocknete Tomaten in Öl (aus dem Glas) |
125 g Mozzarella | 4 EL Kapern | 400 g Pizza-
teig (Kühlregal) | 1 Springform (28 cm ⌀) |
Butter für die Form

Party-Hit

Für 20 Schnecken | 35 Min. Zubereitungszeit |
20 Min. Backzeit
Pro Stück ca. 105 kcal, 3 g E, 6 g F, 9 g KH

1 Die Knoblauchzehen schälen und fein würfeln.
In einem kleinen Topf die Butter erhitzen und den
Knoblauch darin glasig dünsten.

2 Sardellenfilets klein schneiden. Die Petersilie
waschen und trocken schütteln, die Blätter abzupfen und hacken. Beides in die Butter rühren. Mit
Salz und Pfeffer würzen. Die Tomaten in ein Sieb
geben, abtropfen lassen und in Streifen schneiden.
Den Mozzarella reiben.

3 Den Backofen auf 220° vorheizen. Die Springform gründlich mit Butter einfetten. Den Pizzateig
entrollen. Mit Sardellen-Petersilien-Butter bestreichen. Die Kapern und die Tomaten darauf verteilen. Mit Mozzarella bestreuen.

4 Die Teigplatte von einer schmalen Seite her
aufrollen. Die Rolle in 20 Scheiben schneiden und
diese nebeneinander in die Springform legen. Die
Zupfschnecken im heißen Ofen (Mitte) ca. 20 Min.
backen. Noch warm genießen.

ÄHRENBROT MIT ZUCCHINI-RICOTTA

Ruck, zuck zubereitet verspricht das außergewöhnliche Brot tollen Geschmack – für den Sommerabend auf der Terrasse oder für die Indoor-Party als Begleiter zu Wein und Bier.

1 Zwiebel
1 Knoblauchzehe
200 g Zucchini
30 g Pinienkerne
1 EL Olivenöl
Salz | Pfeffer
250 g Ricotta
3 EL Basilikumpesto
400 g Pizzateig (Kühlregal)

Für Feinschmecker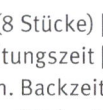

Für 1 Brot (8 Stücke) |
35 Min. Zubereitungszeit |
45 Min. Backzeit
Pro Stück ca. 245 kcal,
8 g E, 13 g F, 25 g KH

1 Zwiebel und Knoblauch schälen und würfeln. Zucchini waschen, putzen und ½ cm groß würfeln. Die Pinienkerne in einer Pfanne ohne Fett hellbraun rösten. Herausnehmen. Das Olivenöl in der Pfanne erhitzen, Zucchini mit Zwiebel und Knoblauch darin in ca. 5 Min. bei großer Hitze hellbraun anbraten. Mit Salz und Pfeffer würzen. Aus der Pfanne nehmen und in einer Schüssel mit dem Ricotta mischen. Nochmals mit Salz und Pfeffer würzen.

2 Ofen auf 180° vorheizen. Ein Backblech mit Backpapier belegen. Teig entrollen, Papier abziehen und den Teig ca. 28 × 45 cm groß ausrollen. Mit dem Pesto bestreichen, dabei einen ca. 1 cm breiten Rand freilassen. Die Zucchini-Ricotta-Mischung darauf verteilen und glatt streichen. Die Pinienkerne darüberstreuen.

3 Teig von einer schmalen Seite her aufrollen. Teigrolle mit der Naht nach unten auf das Backblech legen. Die Rolle mit einem scharfen Messer von oben schräg auf einer Seite etwa alle 4 cm tief ein-, aber nicht durchschneiden, ein Viertel der Rolle sollte zusammenhängen.

4 Jeden zweiten Teigabschnitt vorsichtig auf die gegenüberliegende Seite der Rolle drehen, sodass ein Ährenmuster entsteht (s. auch S. 29). Das Brot im heißen Ofen (Mitte) ca. 45 Min. backen. Herausnehmen und am besten noch warm genießen.

TIPP So stellen Sie Pesto ganz schnell selber her: 20 g Pinienkerne rösten. 1 Knoblauchzehe schälen, halbieren. Blätter von 1 Bund Basilikum abzupfen. Alle Zutaten in einen Mixer geben, mit 4 EL Olivenöl pürieren. 20 g Parmesan reiben und unterrühren. Das Pesto mit Salz und Pfeffer abschmecken.

SCHINKEN-KÄSE-PARTYBROT

1 Bund Schnittlauch | 120 g Butter | 150 g junger Gouda | 125 g Mozzarella | 180 g gekochter Schinken (in Scheiben) | 1 rundes helles Weizenmischbrot (500 g)

Im Handumdrehen gemacht

Für 1 Brot (25 Stücke) | 25 Min. Zubereitungszeit | 30 Min. Backzeit
Pro Stück ca. 125 kcal, 5 g E, 7 g F, 10 g KH

1 Den Schnittlauch waschen, trocken schütteln und in Röllchen schneiden. Die Butter in einem kleinen Topf schmelzen. Von der Kochstelle nehmen. Den Schnittlauch einrühren. Den Gouda und den Mozzarella reiben. Den Schinken in mundgerechte Stücke zupfen.

2 Das Brot mit einem Brotmesser etwa alle 2 cm gitterförmig bis 1–2 cm über den Boden einschnei-den, also nicht ganz durchschneiden. So entstehen ca. 2 × 2 cm große Stücke, und unten hängt das Brot noch zusammen. Ein Backblech mit Backpapier belegen, das Brot darauflegen.

3 Den Backofen auf 180° vorheizen. Gouda, Mozzarella und Schinken in die Brotspalten stecken. Die Schnittlauchbutter über dem Brot und in den Spalten verteilen. Das Brot mit Alufolie abdecken. Im heißen Ofen (Mitte) ca. 20 Min. backen. Alufolie entfernen und das Brot noch ca. 10 Min. weiterbacken, damit es knusprig wird. Sofort genießen.

CIABATTA-PARTYBROT MIT SALAMI

70 g Parmesan | 1 Knoblauchzehe | 100 g Butter | 100 g Fenchelsalami (in Scheiben) | 1 Ciabattabrot zum Aufbacken (300 g)

Herrlich aromatisch

Für 1 Brot (24 Stücke) | 25 Min. Zubereitungszeit | 12 Min. Backzeit
Pro Stück ca. 80 kcal, 3 g E, 5 g F, 6 g KH

1 Den Parmesan reiben. Die Knoblauchzehe schälen und hacken. In einer Pfanne 1 EL der Butter erhitzen und den Knoblauch darin glasig dünsten. Dann die restliche Butter dazugeben. Die Pfanne von der Kochstelle nehmen und die Butter schmelzen lassen.

2 Den Backofen auf 220° vorheizen. Ein Backblech mit Backpapier belegen. Das Ciabattabrot rautenförmig etwa alle 2 cm bis 1–2 cm über den Boden einschneiden, also nicht ganz durchschneiden. So entstehen ca. 2 × 2 cm große Stücke, und unten hängt das Brot noch zusammen. Das Brot auf das Backblech legen.

3 Die Knoblauchbutter teelöffelweise in den Spalten verteilen. Die Fenchelsalami zerzupfen und in die Spalten stecken. Danach den Parmesan in den Spalten und auf dem Brot verteilen. Das Brot im heißen Ofen (Mitte) nach Packungsanweisung 10–12 Min. backen. Sofort servieren.

Damit Sie Rezepte mit bestimmten Zutaten noch schneller finden, sind in diesem Register auch beliebte Zutaten wie **Mozzarella** oder **Tomaten** alphabetisch eingeordnet und hervorgehoben. Darunter finden Sie das Rezept Ihrer Wahl. Vegetarische Rezepte, die im Buch mit einem 🍃 gekennzeichnet sind, sind hier grün abgesetzt.

Projektleitung: Jessica Kleppel
Lektorat: Claudia Lenz
Korrektorat: Ulrike Wagner
Innen- und Umschlaggestaltung: independent Medien-Design, Horst Moser, München
Herstellung: Renate Hutt
Satz: Kösel, Krugzell
Reproduktion: Repro Ludwig, Zell am See
Druck und Bindung: Firmengruppe APPL, aprinta druck, Wemding
Syndication: www.seasons.agency
Printed in Germany

1. Auflage 2018
ISBN 978-3-8338-6465-0

 www.facebook.com/gu.verlag

Ein Unternehmen der
GANSKE VERLAGSGRUPPE

Die Autorin

Hildegard Möller war nach dem Studium Inhaberin und Küchenchefin zweier Gastronomiebetriebe in Münster. Seit einigen Jahren übt die Ökotrophologin ihr kreatives Handwerk als Autorin für verschiedene Verlage und Zeitungen aus. Für dieses Buch hat sie Falttechniken ausprobiert, Füllungen getestet und dabei die leckersten Kombis kreiert.

Der Fotograf

Wolfgang Schardt hegt eine Leidenschaft für gutes Essen und hat ein Händchen dafür, jedes Gericht im besten Licht zu präsentieren. Zusammen mit **Petra Speckmann** (Foodstyling) und **Janet Hesse** (Assistenz) zupfte er sich durch die Rezepte.

Bildnachweis

Autorenfoto: Patricia Lomölder; Titelfoto und Rezeptfoto S. 15: Silvio Knezevic; alle anderen Fotos: Wolfgang Schardt

Titelrezept

Zupfbrot mit Paprika und Feta (S. 15)

Umwelthinweis:

Dieses Buch ist auf PEFC-zertifiziertem Papier aus nachhaltiger Waldwirtschaft gedruckt.

Liebe Leserin, lieber Leser,

haben wir Ihre Erwartungen erfüllt? Sind Sie mit diesem Buch zufrieden? Haben Sie weitere Fragen zu diesem Thema? Wir freuen uns auf Ihre Rückmeldung, auf Lob, Kritik und Anregungen, damit wir für Sie immer besser werden können.

GRÄFE UND UNZER Verlag
Leserservice
Postfach 86 03 13
81630 München
E-Mail:
leserservice@graefe-und-unzer.de

Telefon: 00800 / 72 37 33 33*
Telefax: 00800 / 50 12 05 44*
Mo–Do: 9.00 – 17.00 Uhr
Fr: 9.00 – 16.00 Uhr
(* gebührenfrei in D, A, CH)

Ihr GRÄFE UND UNZER Verlag
Der erste Ratgeberverlag – seit 1722.

Backofenhinweis:

Die Backzeiten können je nach Herd variieren. Die Temperaturangaben in unseren Rezepten beziehen sich auf das Backen im Elektroherd mit Ober- und Unterhitze und können bei Gasherden oder Backen mit Umluft abweichen. Details entnehmen Sie bitte Ihrer Gebrauchsanweisung.